Bertl Wehrle

Phantasiepuppen
stricken und häkeln

Märchenhafte Modelle mit Arbeitsanleitungen

Inhalt

Abkürzungen

abk.	= abketten		M.	= Masche
abn.	= abnehmen		R.	= Reihe
anschl.	= anschlagen		Rd.	= Runde
f. M.	= feste Masche		str.	= stricken
li. M.	= linke Masche		zun.	= zunehmen
Luftm.	= Luftmasche			

Von der gleichen Autorin sind bisher erschienen:
»Selbstgestrickte Puppen« (Nr. 0638)
»Kuscheltiere stricken und häkeln« (Nr. 0734)

CIP-Kurztitelaufnahme der Deutschen Bibliothek

Wehrle, Bertl:
Phantasiepuppen stricken und häkeln:
märchenhafte Modelle mit Arbeitsanleitungen /
Bertl Wehrle. – Niedernhausen/Ts.:
Falken-Verlag, 1986
(Falken-Bücherei)
ISBN 3-8068-0813-9

ISBN 3 8068 0813 9

© 1986 by Falken-Verlag GmbH,
6272 Niedernhausen/Ts.
Titelbild und Fotos: Foto-Design-Studio Gerhard
Burock, Wiesbaden-Naurod
Zeichnungen: Brigitte Braun und Rolf Dähler,
Bad Schwalbach
Die Ratschläge in diesem Buch sind von Autor
und Verlag sorgfältig erwogen und geprüft, den-
noch kann eine Garantie nicht übernommen wer-
den. Eine Haftung des Autors bzw. des Verlages
und seiner Beauftragten für Personen-, Sach- und
Vermögensschäden ist ausgeschlossen.
Satz: LibroSatz, Kriftel bei Frankfurt
Druck: Offset-Team Zumbrink, Bad Salzuflen

817 2635 4453 6271

Eine Anregung zu kreativem Nachgestalten

Allen, die gerne stricken und häkeln, werden in diesem Büchlein Märchenfiguren und Phantasiegestalten vorgestellt, die zu eigenen Kreationen anregen sollen. Auch wer im Stricken und Häkeln noch ungeübt ist, ja selbst Anfänger finden hier Modelle, die sich leicht und problemlos nacharbeiten und variieren lassen.

Selbstgestrickte Puppen erfreuen nicht nur Kinderherzen, auch Erwachsene haben ihren Spaß an diesen Phantasiegestalten. Da die Figuren in ihrem Innern ein Drahtgestell haben, kann man sie nach Lust und Laune biegen. Sie sind also nicht nur ein schönes Kinderspielzeug, sie erscheinen durch ihre Biegsamkeit auch äußerst lebendig und können in ihren verschiedenen Haltungen durchaus Stimmungen ausdrücken. Kein

Wunder, daß die selbstgestrickten Puppen gern verschenkt werden – als Spielzeug, als kleines Mitbringsel statt Blumen oder Konfekt, als Glücksbringer, als Maskottchen für das Auto ...

Wer eigene Kreationen anfertigt, darf seinem Einfallsreichtum uneingeschränkt freien Lauf lassen. Die Anleitungen und Vorschläge dieses Buches wollen nur Anstöße zu eigenen Ideen und schöpferischen Einfällen sein. Märchen- und Kinderbücher, phantastische Geschichten, Filme und Fernsehserien stellen vielerlei Gestalten vor, die als Vorbilder für Phantasiepuppen dienen können. Mit etwas Ausdauer und Geduld wird es Ihnen gelingen, richtige kleine Kunstwerke entstehen zu lassen – zu Ihrer eigenen und anderer Freude.

Arbeitsgeräte

Wer gerne strickt und häkelt, wird die meisten der benötigten Arbeitsgeräte schon besitzen. Sollte das eine oder andere Gerät fehlen, so ist die Anschaffung erschwinglich.

Man braucht ein Spiel – also 5 – Stricknadeln für dünne Wolle; Nadeln Stärke 2–2½ sind geeignet. Außerdem benötigt man weitere Stricknadeln unterschiedlicher Stärke und zwei Häkelnadeln entsprechender Stärke. Die Stärke der Nadeln richtet sich nach der Dicke der Wolle, die man verarbeitet.

Eine Näh- und eine Stopfnadel, Stecknadeln, ein Zentimeterband und eine Schere sollten immer zur Hand sein, gelegentlich braucht man auch Zeichenpapier, einen Bleistift sowie einen Radiergummi. Sehr praktisch sind außerdem ein Maschenraffer oder eine große Sicherheitsnadel und ein Reihenzähler.

Da die Körper der Puppen mit Drahtgestellen stabilisiert werden, braucht man außerdem einen Seitenschneider, mit dem man den Draht schneidet, und eine Flachzange, mit der man den Draht biegt.

Schließlich sind Wachsmalstifte unterschiedlicher Rotfärbung ganz nützlich, mit ihnen kann man den fertigen Puppen rosige oder auch knallrote Wangen auftupfen.

Das dürften die wichtigsten Arbeitsgeräte und Hilfsmittel sein, die man zur Herstellung der Puppen braucht.

Materialien

Für die gestrickte Haut des Puppenkörpers braucht man dünne, beigefarbene Wolle. 50 g Wolle – bei einer Lauflänge von 250 m – reichen für den Strickkörper einer etwa 40 cm großen Puppe. Reste dünner Wolle in den verschiedensten Farben eignen sich gut für die Kleidung der Puppen.

Biegsamer Elektrodraht, 1,5 mm Ø, ist in einschlägigen Fachgeschäften erhältlich, Kunstfaserwatte gibt es in Bastelgeschäften oder Kaufhäusern, Schlauchbinden aus Mull – Größe 2 und 3 – erhält man in Apotheken.

Zum Umwickeln der Puppenkörper schneidet man sich 5 cm breite Trikotstoffstreifen aus alter Unterwäsche. Für die Kleidung der Puppen braucht man Wolle, Nähgarn und Fadengummi, als Augen dienen Perlen, aus Webpelz- oder Fellresten werden Bärte; Spitzen, Borten und Knöpfe werden ebenso für die Herstellung der Kleider gebraucht wie Filz und Stoffreste.

Vieles, das man sonst achtlos wegwirft, kann zur Ausstattung der Puppen noch gut verwendet werden: Aus Plastikdeckeln lassen sich Einlegesohlen schneiden (dafür kann man allerdings auch Pappdeckel verwenden), Verschlüsse von Sandaletten und Armbanduhren verwandeln sich in Gürtelschnallen, aus alten Handschuhen, Taschen oder anderem Leder- und Kunststoffmaterial kann man Schuhe oder Stiefel für die Puppen herstellen, aus Filzresten werden Pantoffeln, aus alten Stofftaschentüchern lassen sich Schürzen, Blusen oder Röcke zaubern.

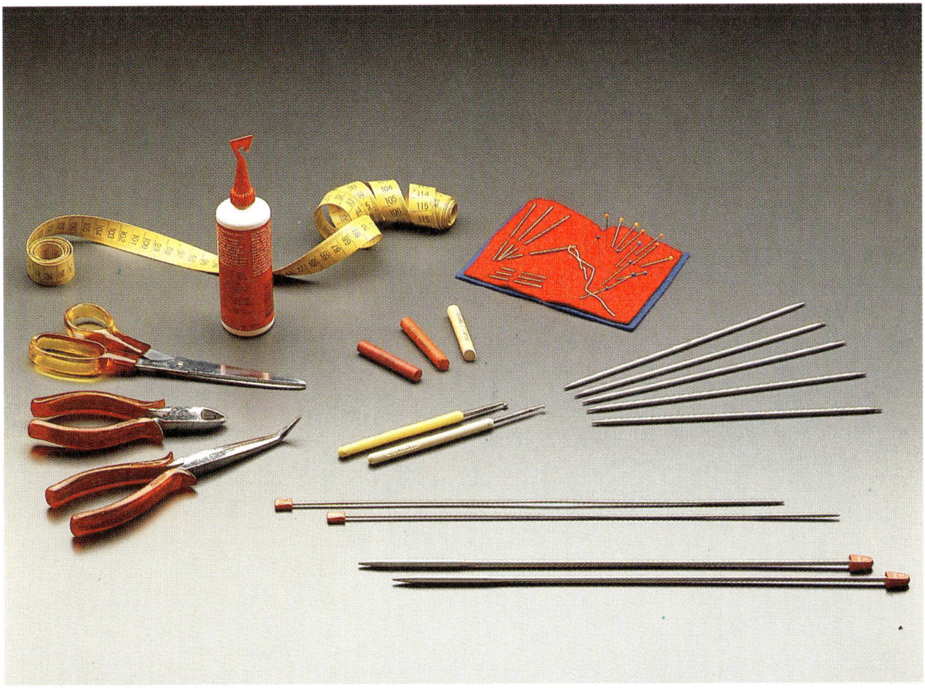

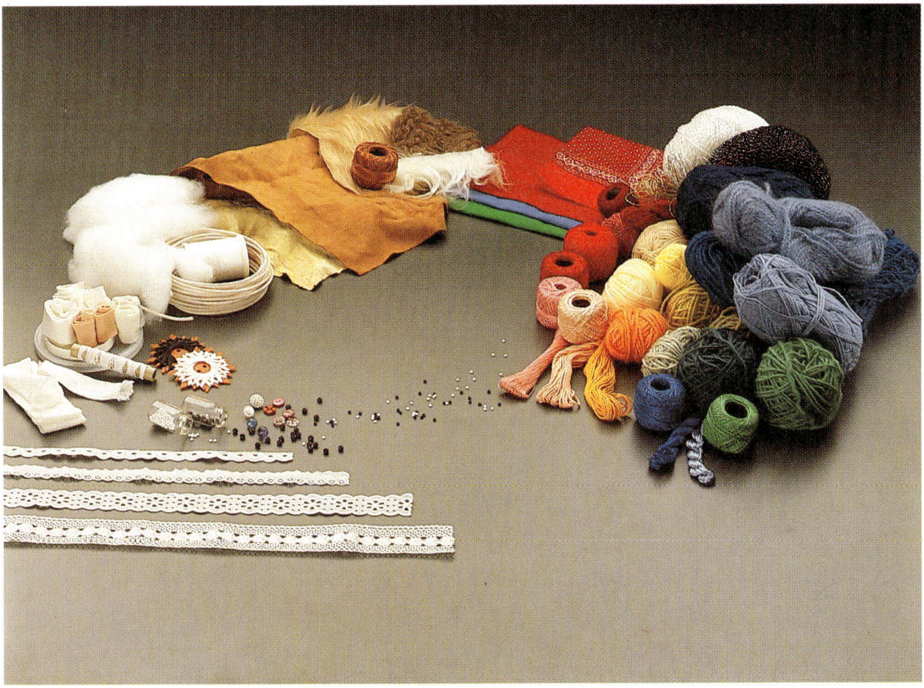

Der Puppenkörper

Damit die Puppen biegsam und bewegungsfähig sind, brauchen sie ein Skelett. Dieses innere Gerüst wird aus Elektrodraht hergestellt. Pro Puppe benötigt man etwa 80 cm dieses Drahtes.

Das Drahtgestell

Man schneidet den Draht mit dem Seitenschneider in zwei Stücke; für den Körper mit Kopf und Beinen benötigt man ein Stück von 50 cm Länge, die Arme werden aus dem 30 cm langen Stück Draht gefertigt.

Für den Körper biegt man zunächst das längere Drahtstück wie eine Haarnadel zusammen (1). Dann nimmt man die Flachzange und verdrillt das obere Ende des gebogenen Drahtes etwa 4 cm weit. Über diesem verdrillten Drahtende wird später der Kopf der Puppe modelliert.

Jetzt legt man den Draht, der die Arme bilden soll, zwischen die beiden Enden des Körperdrahtes (2), den man wiederum verdrillt. Die Verdrillung sollte etwa 5 cm hoch sein, sie entspricht dem eigentlichen Rumpf der Puppe. Gleichzeitig hat man damit den Armdraht in den Körperdraht eingespannt. Damit der Draht, der die Arme bildet, aber keinesfalls verrutschen oder sich verschieben kann, wird er einmal um den Körperdraht gebogen. Man muß natürlich darauf achten, daß die beiden Arme zum Schluß gleiche Länge haben.

Schließlich biegt man die Enden der Beindrähte etwa 1 cm weit um, so daß die Puppe nun auch Füße hat (3). Das Skelett der Puppe wäre damit fertiggestellt.

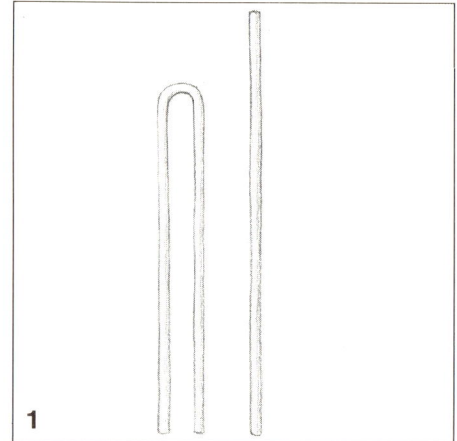

1

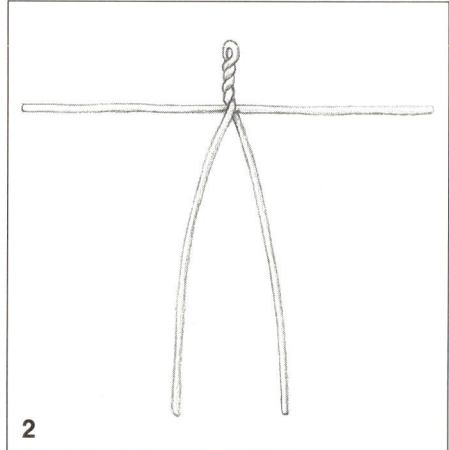

2

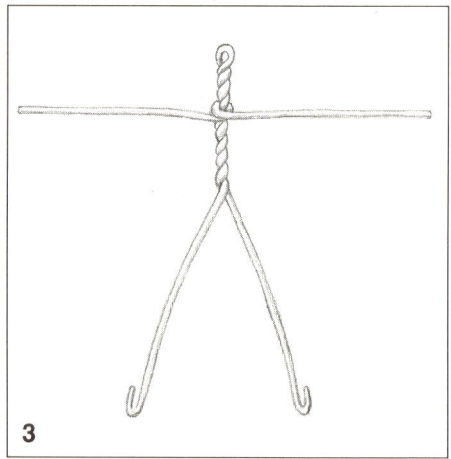

3

Die Kopfkugel

Als nächstes formt man den Kopf der Puppe. Dazu braucht man die Kunstfaserwatte und die Schlauchbinde. Je nachdem, wie groß die Puppe – und damit ihr Kopf – werden soll, verwendet man Schlauchbinde Größe 2 oder 3. Bei Größe 2 wird der Kopf ungefähr so groß wie ein Tennisball, bei Größe 3 erhält der Kopf etwa die Größe eines Apfels.

Man schneidet nun von der Schlauchbinde ein etwa 20 cm langes Stück ab (1) und bindet ein Ende nicht zu knapp unter der Schnittkante mit einem starken Faden stramm zusammen (2).

Man muß den Faden gut und sehr fest verknoten. Dann stülpt man den Schlauch um; das abgebundene Ende befindet sich jetzt im Innern des Schlauches (3).

Aus Kunstfaserwatte formt man jetzt eine feste Kugel um den verdrillten Kopfdraht herum und zieht dann die vorbereitete Schlauchbinde über diese Wattekugel (4). Die Kugel muß recht stramm gestopft sein.

Zum Schluß wird die Schlauchbinde am Hals der Puppe straff zusammengebunden (5) – die Rohform des Kopfes ist fertig.

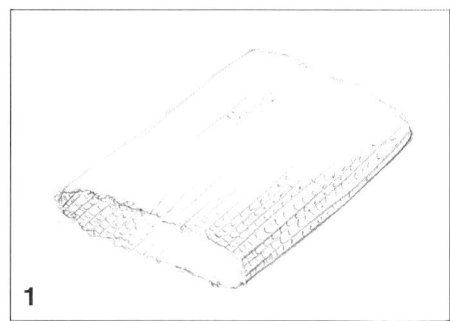

1

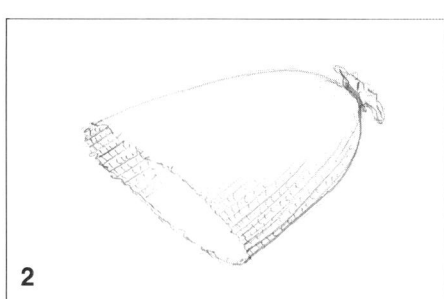

2

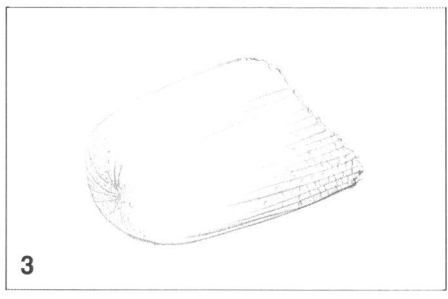

3

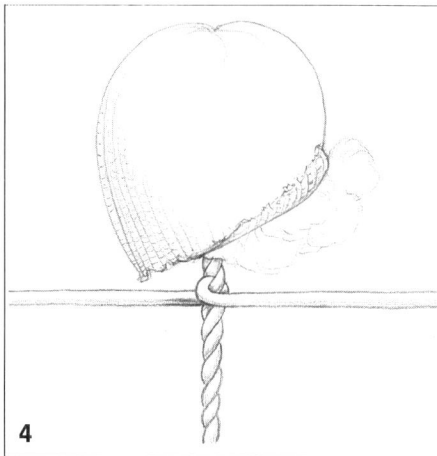

4

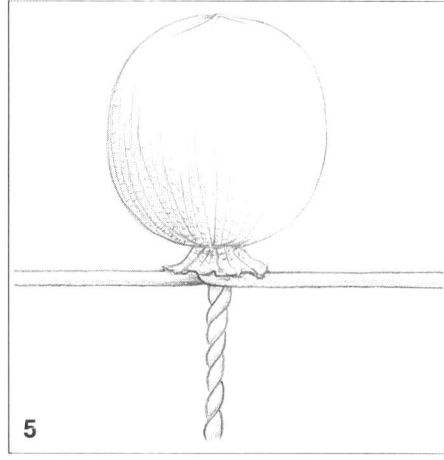

5

Rumpf und Beine formen

Um den Draht, der den Rumpf der Puppe bildet, formt man mit Kunstfaserwatte den Puppenkörper und umwickelt ihn dann mit etwa 5 cm breiten Streifen aus Trikotstoff (1). Solche Streifen kann man aus alter Unterwäsche schneiden.

Die Beine werden genauso wie der Rumpf aus Watte geformt und dann mit Trikotstreifen umwickelt (2). Die Arme müssen noch frei bleiben, damit man später die Strickhaut besser über die Puppe ziehen kann.

Die Enden der Trikotstoffstreifen werden mit einem Tropfen Weißleim angeklebt (3). An den Fußspitzen verwendet man etwas mehr Leim, das gibt den Füßen ein wenig Halt und Festigkeit.

Die Strickhaut

Die Haut der Puppen besteht aus glatt rechts rundgestrickten Schläuchen (1). Die jeweils benötigte Maschenzahl ist bei den einzelnen Figuren angegeben. Wichtig ist, daß man die Endmaschen der gestrickten Schläuche nicht abkettet. Vielmehr wird der Endfaden der Strickschläuche durch das Strickstück gezogen, wodurch einseitig fest geschlossene Säckchen entstehen. Der Faden wird gut vernäht, dann werden die entstandenen Säckchen, genau wie die Schlauchbinden, umgedreht (2). Das Teil für Kopf und Rumpf wird auf 4, das für Arme und Beine auf 3 Nadeln gestrickt. Für Arme und Beine werden in der Regel 9 Maschen angeschlagen.

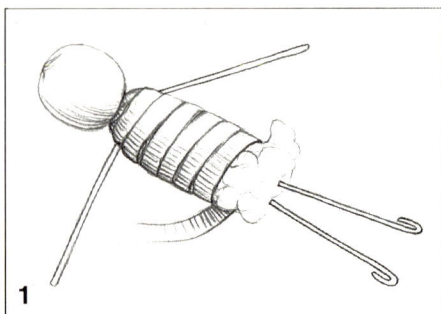

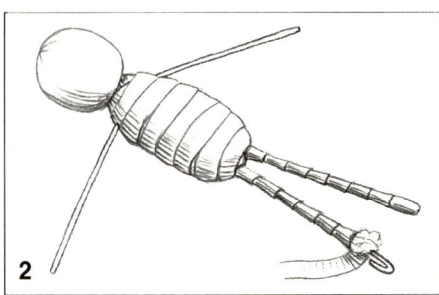

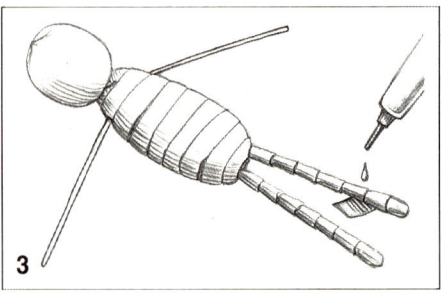

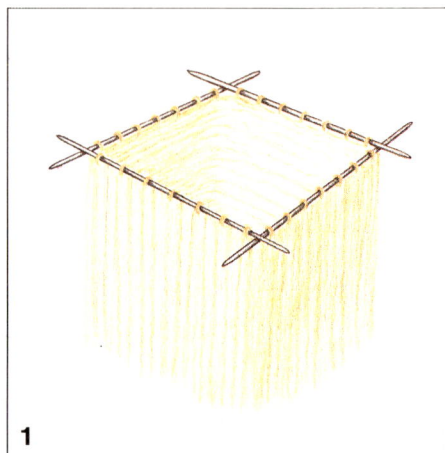

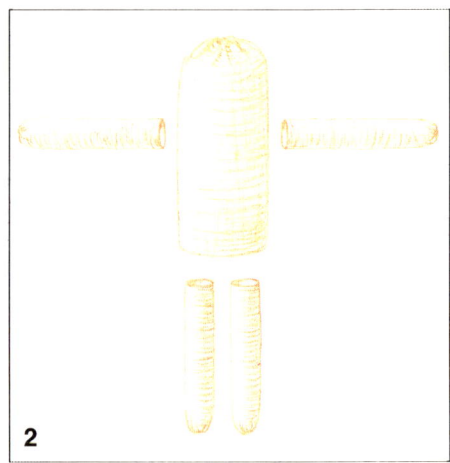

Die Strickhaut überziehen

Bei einfachen Puppen, deren Gesicht nicht weiter ausgeformt werden soll, zieht man jetzt den großen Strickschlauch mit den rechten Maschen nach außen über Kopf und Rumpf (1). Wie man den Kopf weiter ausformt, steht auf Seite 12.

Da die Arme noch nicht umwickelt sind, kann man sie leicht durch die Maschen der Strickhaut bohren. Die Strickhaut wird nun um den Hals der Puppe abgebunden und im Schritt zusammengenäht. Dann zieht man die Strickhäute für die Beine über und vernäht sie sauber mit dem Rumpf und der Haut des Rumpfes (2). Zum Schluß biegt man die Füße zurecht.

Die Arme formen

Nun werden auch die Drahtenden der Arme 1 cm weit umgebogen. Der Draht wird mit Watte und Trikotstoffstreifen umwickelt (1), der Stoff wird, wie bei Rumpf und Beinen, mit Leim angeklebt, das gibt zusätzliche Festigkeit.

Nun überzieht man auch die Arme mit den vorbereiteten Strickschläuchen, die man auch hier sorgfältig mit dem Rumpf der Puppe vernäht (2). Schließlich bindet man die Handgelenke ein wenig ab, damit die Hände deutlich werden.

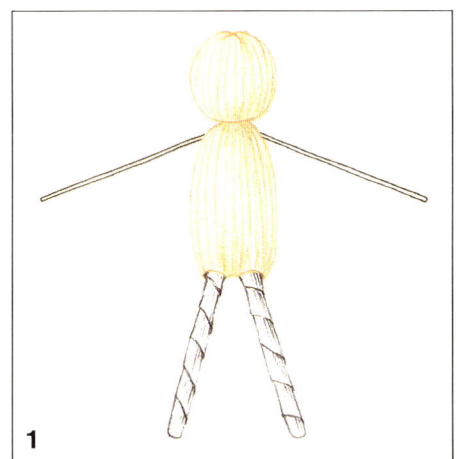

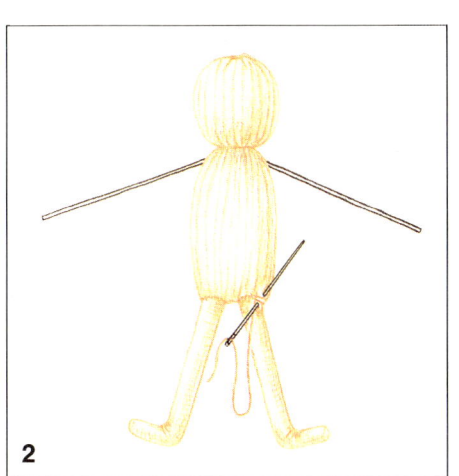

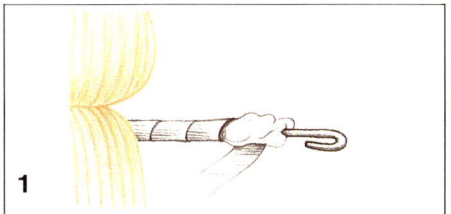

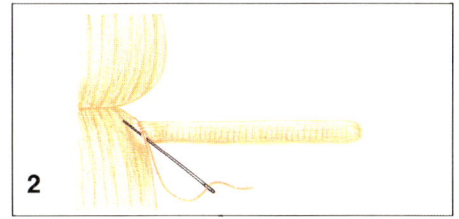

Lange Nasen

Für eine lange Nase braucht man, ebenso wie für Rumpf, Arme und Beine der Puppen, einen Strickschlauch. Man strickt mit nur 3 Nadeln in Runden, meist sind 9 Maschen, die man zu je 3 auf die Nadeln verteilt, angebracht (1).

Die Endmaschen werden wiederum nicht abgekettet. Vielmehr wird der Endfaden durch die Maschen gezogen und der Schlauch damit an der einen Seite gut vernäht (2). Man zieht den Schlauch von links zusammen.

Der Schlauch wird nun umgestülpt, so daß die rechten Maschen nach außen zu liegen kommen. Nun wird der Schlauch gut mit Kunstfaserwatte ausgefüllt, er sollte aber nicht zu fest gestopft werden (3).

Mit sauberen kleinen Stichen wird die Nase vorsichtig und fest an das Gesicht genäht (4). Das Foto unten links zeigt die lange Nase des Räubers, auf der man mit einer angenähten Perle noch eine Warze andeuten könnte.

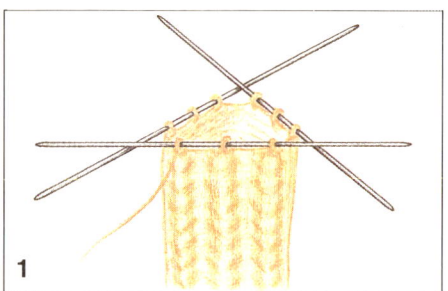

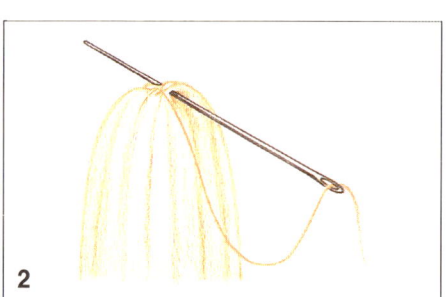

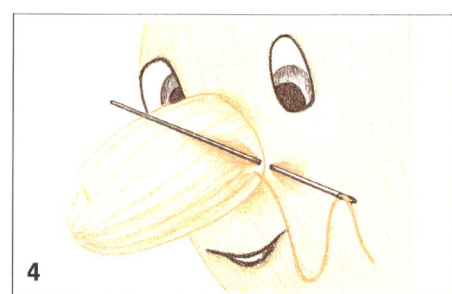

Dicke Nasen

Für dicke Nasen strickt man keinen Schlauch, sondern ein quadratisches Läppchen. Man schlägt etwa 12 Maschen an und strickt genauso wie bei dem Schlauch glatt rechts (1). Je größer das Quadrat, desto größer die Knubbelnase.

Ist das Strickstück quadratisch, kettet man die letzte Reihe locker ab. Nun zieht man so weit außen wie möglich einen Faden der verwendeten Strickwolle durch das ganze Strickläppchen und läßt die Fadenenden hängen (2).

An den Fadenenden zieht man dann das Läppchen ein wenig zusammen, so daß eine Art loser Beutel entsteht. Diesen Beutel füllt man mit Watte aus, zieht die Fäden ein wenig nach und verknotet sie leicht (3).

Die dicke Nase wird vorsichtig im Gesicht der Puppe festgenäht (4). Je nachdem, wie man die Watte hineinstopft, kann man eine dicke, flache oder eher eine lustige, kugelrunde Knubbelnase formen.

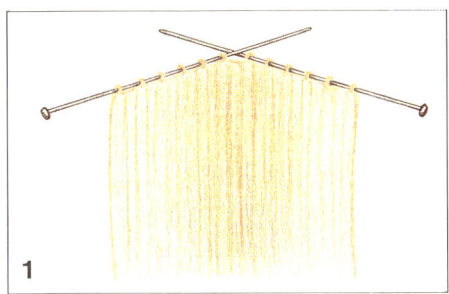

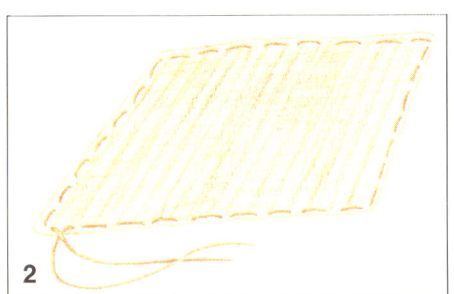

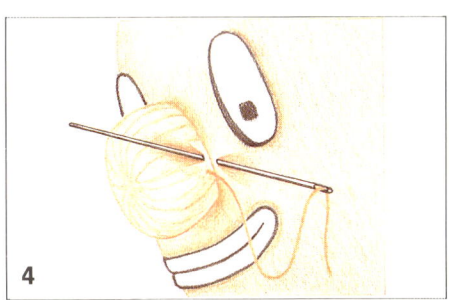

Ausformen der Kopfkugel

Will man den Kopf der Puppen etwas feiner aus-modellieren, muß man dies tun, bevor man die Strickhaut überzieht; der Rumpf sollte allerdings schon ausgestopft und umwickelt sein (1).

Zunächst legt man einen starken Zwirnsfaden in Höhe der späteren Augenlinie zweimal um den Kopf, zieht ihn fest an und verknotet ihn (2).

Dann fädelt man einen zweiten Faden in eine Nadel und führt ihn senkrecht über den ganzen Kopf und durch den Hals hindurch. Auf beiden Seiten des Kopfes wird der starke Zwirnsfaden an den Stellen, an denen die Ohren sitzen werden, festgenäht (3). Es liegt jetzt ein Fadenkreuz rund um den Kopf.

Die besser geeignete Seite wird für das Gesicht ausgewählt, die Gegenseite bildet später den Hinterkopf der Puppe, sie wird dann durch Haare und Kopfbedeckung abgedeckt.

Während sich die Gesichtsseite jetzt schon klar in Stirn und Gesichtsteil gliedert, sollte man den Hinterkopf glatt halten, weshalb man den Doppelfaden zum Hals hinunterschiebt (4).

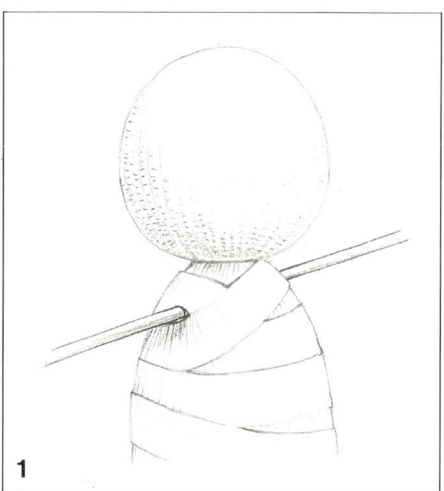

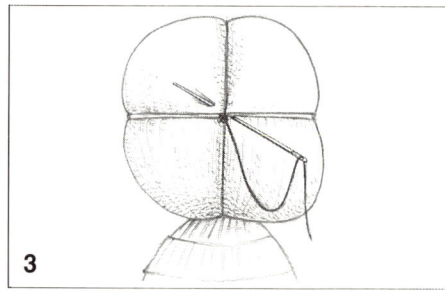

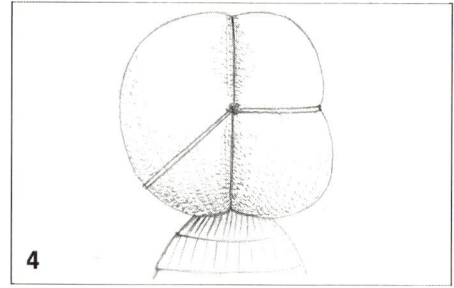

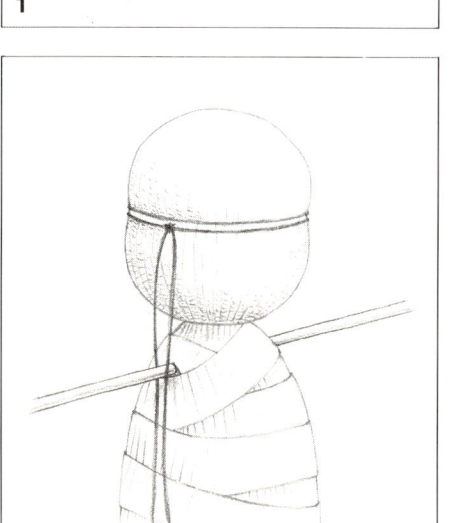

Ausformen des Gesichts

Ein kleines Stück Trikotstoff wird am Rand entlang gereiht (1) und dann vorsichtig zusammengezogen (2). Soll die Nase etwas auffälliger werden, stopft man etwas Watte in dieses Beutelchen (3), das man nun als feine Stupsnase vorsichtig knapp unterhalb der Augenlinie aufnäht (4). Soll die Puppe dicke Backen oder ausgeprägte Lippen haben, formt man diese genauso wie die Nase. Die Konturen betupft man mit Weißleim.

Überziehen der Strickhaut

Man muß nun die Strickhaut dem modellierten Gesicht anpassen. Dazu zieht man einen festen Zwirnsfaden durch eine Nadel und sticht von hinten nach vorn durch den Puppenkopf – die Nadel muß auf der Augenlinie austreten (1). Zwei Maschen weiter sticht man wieder zurück und verknotet die Fadenenden fest auf dem Hinterkopf. So formt man beide Augen und den Mund (2) aus, die Nase tritt dadurch plastisch hervor.

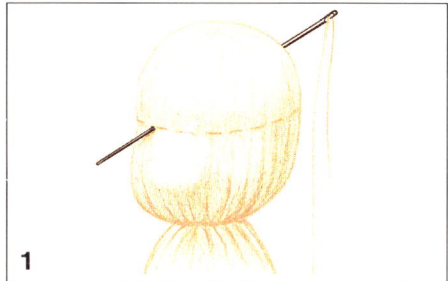

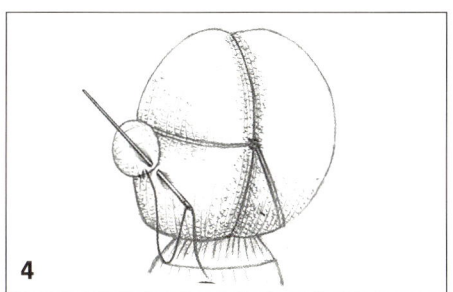

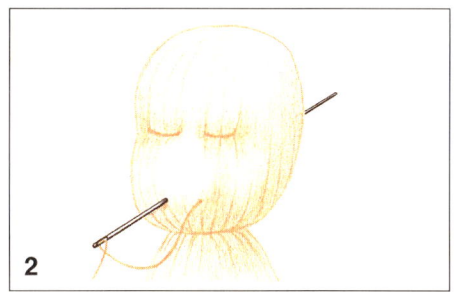

Schneeweißchen und Rosenrot

Die Geschwister aus Grimms Märchen sind sich auch als Puppen zum Verwechseln ähnlich – Unterschiede gibt es nur in der Farbe der Kleider. Beide Puppen sind leicht zu arbeiten.

Materialien
Für Körper und Kleidung nimmt man beige, rosa und weiße Wolle. Für den Kopf braucht man 15 cm Schlauchbinde Größe 2, für die Augen 2 Perlen. Die Haare macht man aus Wollresten.

Die Strickhaut
Man schlägt dafür 30 Maschen an und strickt für Kopf und Rumpf 15 cm; für Arme und Beine schlägt man je 9 Maschen an, die erforderliche Länge mißt man an den Gliedmaßen ab. Den Grundkörper stellt man nach den Beschreibungen von Seite 6–9 fertig.

Kleid in Weiß oder Rosa
Das Oberteil wird von einem Ärmel zum anderen glatt rechts in Reihen gestrickt. Man schlägt 20 Maschen an und strickt 8 cm. Für den Halsausschnitt wird die Arbeit nun geteilt, zuerst das Vorder- dann das Rückenteil 7 cm stricken, dann die Maschen wieder zusammennehmen und den zweiten Ärmel stricken. Die Ärmelteile von links zusammennähen und die Seitennähte schließen.

Der Rock wird direkt an das Oberteil angestrickt. Aus dem Oberteil 48 Maschen aufnehmen und auf 4 Nadeln verteilen. Glatt rechts 1 Runde stricken, in der 2. Runde jede 4. Masche verdoppeln. Ohne weitere Zunahme die gewünschte Rocklänge stricken. Für die Saumkante 1 Runde links, dann wieder 4–6 Runden glatt rechts stricken und die Maschen locker abketten. Den Saum umschlagen und festnähen. Halsausschnitt und Ärmelkanten mit Mäusezähnchen umhäkeln.

In der Taille zieht man ein schmales Seidenband in das Kleid, das man auf dem Rücken der Puppe zur Schleife bindet.

Das Spitzenhöschen
Begonnen wird am Bund, es wird in Runden gestrickt. Man schlägt 40 Maschen in dünner weißer Wolle an, verteilt sie auf 4 Nadeln und strickt 5 cm glatt rechts. Dann die Arbeit teilen und jedes Bein für sich 8 cm lang in Runden weiterstricken. Die Maschen locker abketten, die Hosenbeine mit Mäusezähnchen umhäkeln und Seidenbändchen durch den Bund der Beinabschlüsse ziehen.

Die Haube

3 Luftmaschen zum Ring schließen, 6 feste Maschen hineinhäkeln. In den folgenden Runden so viele Maschen gleichmäßig verteilt zunehmen, daß eine flache Platte von 12 cm Durchmesser entsteht. Den Haubenrand mit Mäusezähnchen umhäkeln. Die Haube mit einer etwas vom Rand entfernt eingezogenen dünnen Kordel auf die Kopfweite der Puppe zusammenziehen.

Die Schuhe

Sie werden aus Filz, Stoff oder Leder gefertigt. Man überträgt die hier gezeigten Schnitteile auf Papier und schneidet sie aus. Für ein Paar Schuhe: die Sohle mit ½ cm Nahtzugabe viermal, das Oberteil ohne Zugabe viermal und die Einlegesohle aus Plastik ohne Zugabe zweimal zuschneiden. Je eine Außen- und Innensohle mit der Plastiksohle dazwischen zusammennähen. Zwei Oberteile rechts auf rechts legen. Die oberen Einschlupfkanten zusammennähen, die Teile wenden und die Fersennaht schließen. Die Sohle an das fertige Oberteil von außen annähen. (Siehe auch Pantoffeln Seite 21.)

Die Haare

Gleichlange Wollfäden dicht nebeneinander mit einer Häkelnadel auf dem Kopf einknüpfen. Die Fäden in Ohrhöhe zusammenfassen, mit einem Steppstich befestigen und aus den losen Enden Zöpfe flechten. Augenbrauen und Mund mit Stickgarn aufsticken.

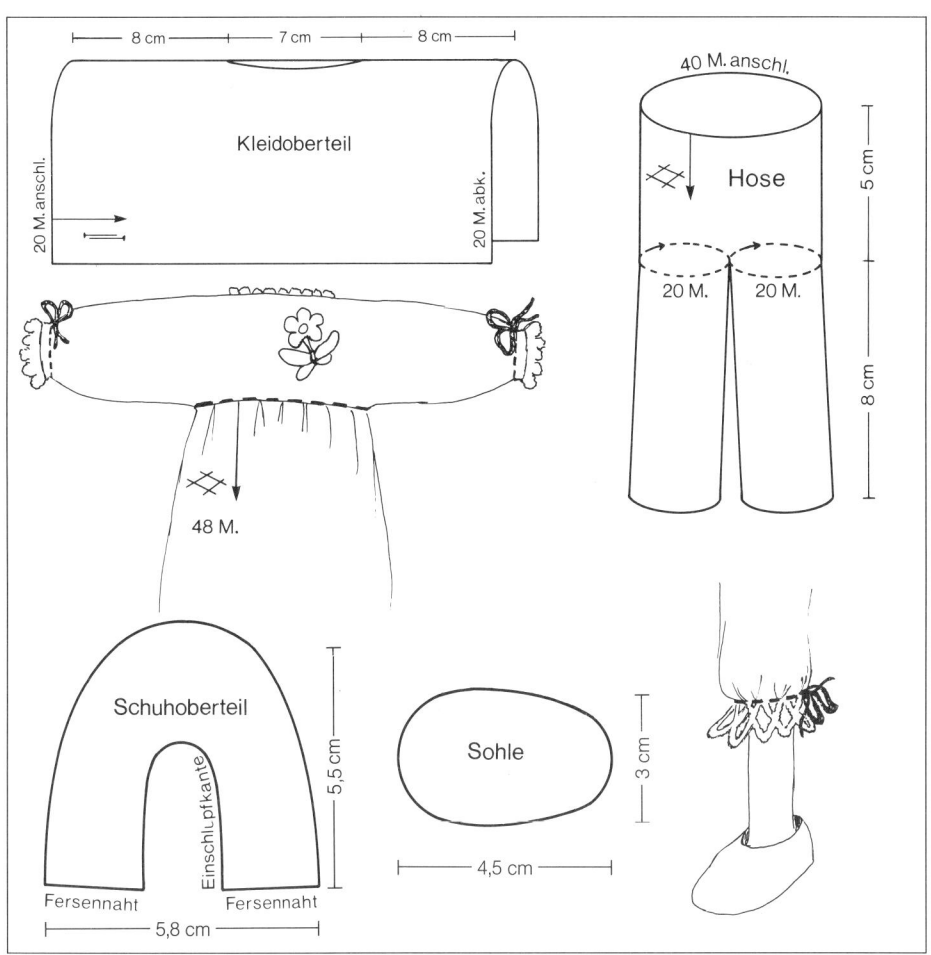

Prinz und Prinzessin

Beide Figuren haben leicht ausgestaltete Köpfe (siehe Seite 12), auf Nasen wurde bei diesen zarten Puppen jedoch bewußt verzichtet.

Für die Köpfe braucht man jeweils 20 cm Schlauchbinde Größe 2, für die Strickhaut dünne Wolle in beige, für die Gewänder Reste von Lurex- oder Seidengarn, Spitzen, Borten, Perlen, Fensterleder, Samtband und schwarze Boucléwolle. Die Strickhaut arbeitet man wie bei den zuvor beschriebenen Puppen.

Kleidung des Prinzen

Für die Hose schlägt man 44 Maschen an, verteilt sie auf 4 Nadeln und strickt glatt rechts in Runden 6 cm. Dann die Arbeit teilen und die Beinlinge getrennt beenden (siehe Seite 14). Die Kniebündchen mit Mäusezähnchen umhäkeln und Luftmaschenbänder einziehen. Durch den oberen Bund einen Fadengummi ziehen.

Vorder- und Rückenteil der Jacke nach den Angaben auf der Zeichnung rechts glatt rechts stricken. Für den weiten Puffärmel 20 Maschen anschlagen. Jeweils zwei Reihen in einer Farbe kraus rechts stricken, so daß Streifen entstehen. Für den engen Ärmel 12 Maschen anschlagen und 5 cm einfarbig glatt rechts stricken.

Alle Teile zusammennähen, die Kanten mit Spitzen verzieren. Ein Stück Dirndlspitze dient dem Prinzen als Halskrause. Ein Samtband um den Körper geschlungen, mit einem Wappenknopf verziert, vervollständigt die Kleidung.

Die Stiefel

Sie werden aus Fensterleder gemacht und mit Pelz verbrämt. Man fertigt sie wie die auf Seite 15 beschriebenen Schuhe oder wie die Stiefel Seite 19.

Kleidung der Prinzessin

Das Oberteil ihres Kleides wird kraus rechts von einem Ärmel zum anderen gestrickt. Alle Angaben über Maschenzahl und Strickhöhe kann man der Zeichnung auf der gegenüberliegenden Seite entnehmen.

Der Rock wird an das Oberteil angehäkelt. Man faßt aus dem Oberteil 39 Maschen auf und häkelt nach der auf Seite 18 angegebenen Symbolschrift bis zur erforderlichen Länge des Rockes.

Durch den Halsausschnitt des Kleides zieht man Fadengummi, die Ärmelkanten umhäkelt man mit je 34 Stäbchen.

Für den Umhang schlägt man 34 Maschen an. Zunächst strickt man 5 cm weit 1 Masche rechts, 1 Masche links, dann folgt eine Reihe Lochmuster für den Kordeldurchzug (2 Maschen zusammenstricken, 1 Umschlag usw.). Danach 25 cm glatt rechts stricken und locker abketten.

Den Kragen mit Mäusezähnchen umhäkeln, Seiten- und Unterkante mit einem Fellstreifen säumen.

Durch den Lochstreifen eine gedrehte Kordel ziehen und die Kordelenden mit kleinen Perlen verzieren.

Spitzenhöschen und Schuhe siehe Seite 14 und 15.

Kronen und Haare

Als Haare näht man den Puppen schlaufig gelegte Boucléwolle auf die Köpfe, der Prinzessin kann man auch ein rundes Haarteil aus festen Maschen häkeln, das von der Stirn bis zum Nacken reicht und in das man dann Boucléfäden einknüpft.

Für die Kronen schlägt man 40 Maschen an, verteilt sie auf 4 Nadeln und strickt in Runden glatt rechts 3–4 cm. Den Endfaden von links durch die offenen Maschen ziehen und von rechts eine Perle auf den Nahtpunkt nähen. Eine Goldborte, in Arkadenbögen auf das Strickstück genäht, gibt der Krone Form und Festigkeit.

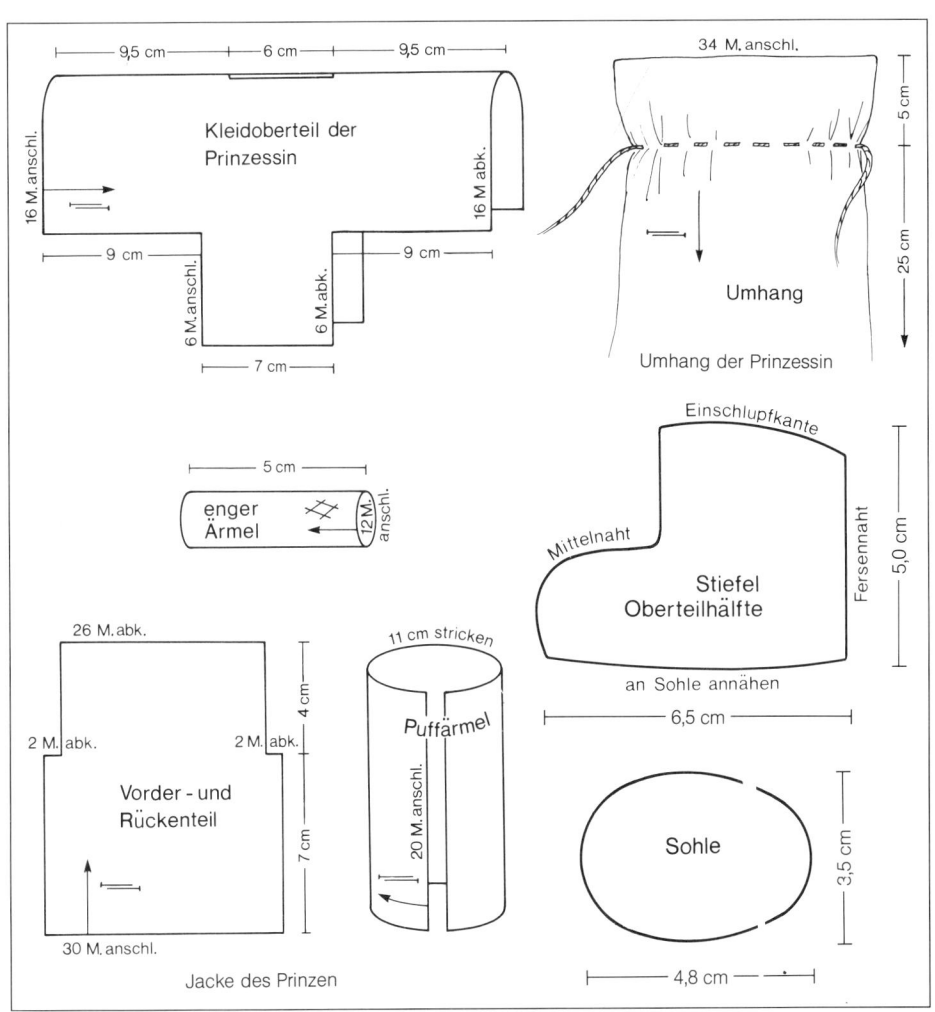

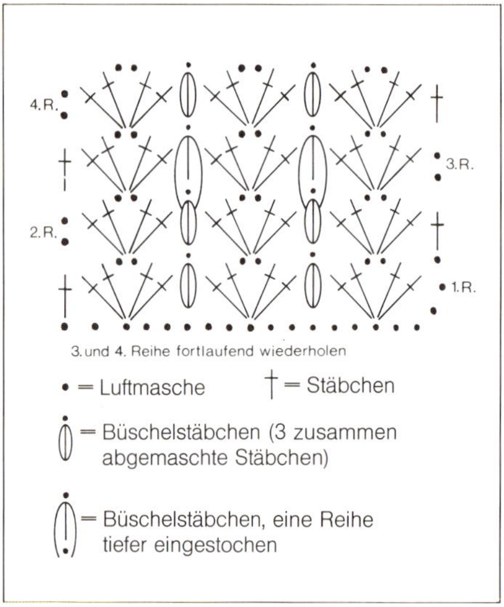
4.R.
3.R.
2.R.
1.R.
3. und 4. Reihe fortlaufend wiederholen
• = Luftmasche
† = Stäbchen
= Büschelstäbchen (3 zusammen abgemaschte Stäbchen)
= Büschelstäbchen, eine Reihe tiefer eingestochen

Symbolschrift für das Kleid der Prinzessin

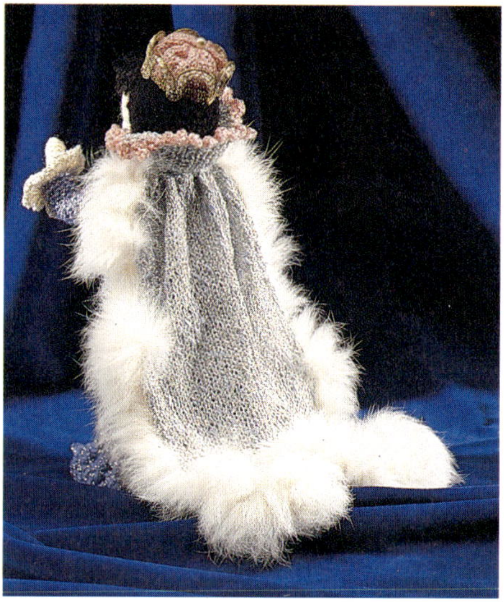

So elegant sieht der Umhang der Prinzessin aus

Hofnarr

Außer Wolle für Strickhaut und Kleidung braucht man Gold- und Silberfäden, Leder oder Filz für die Stiefel und kleine Glöckchen für die Narrenkappe.

Für den Kopf benötigt man 20 cm Schlauchbinde Größe 2. Für die Strickhaut schlägt man 30 Maschen an und strickt 15 cm in Runden, für Arme und Beine jeweils 9, für die Nase (siehe Seite 11) 7 Maschen anschlagen.

Augen und Mund werden aufgestickt, als Haare dienen 8 cm lange Wollfäden, die man mit der Häkelnadel einknüpft.

Der Anzug

Für das 1. Bein 24 Maschen anschlagen, auf 4 Nadeln verteilt in Runden glatt rechts 10 cm stricken; das 2. Bein gegengleich arbeiten, dann alle Maschen zusammen auf 4 Nadeln nehmen und 7 cm stricken. Danach die Maschen teilen und Vorder- und Rückenteil getrennt beenden, dabei für die Raglanschräge sechsmal in jeder 2. Reihe je eine Masche abnehmen.

Für die Ärmel je 22 Maschen anschlagen, 9 cm stricken, dann entsprechend der Raglanschräge abnehmen. Die Teile zusammennähen und Arm- und Beinkanten mit Mäusezähnchen umhäkeln.

Die Halskrause

70 Maschen anschlagen, gleichmäßig auf 4 Nadeln verteilen und glatt rechts 6–8 Runden stricken. Nun jeweils 10 Maschen für eine Zacke einteilen, jede Zacke für sich fertigstellen. Dazu in jeder Reihe die 2 ersten Maschen zusammenstrikken, bis alle Maschen aufgebraucht sind. Die gesamte Außenkante der Krause mit 2 Reihen fester Maschen umhäkeln, die innere Halskante mit Fadengummi einhalten.

Die Mütze

Man strickt die Mütze von Zipfelende zu Zipfelende. 12 Maschen anschlagen, auf 3 Nadeln verteilen und glatt rechts 2 cm in Runden stricken. In der folgenden Runde 4 Maschen gleichmäßig

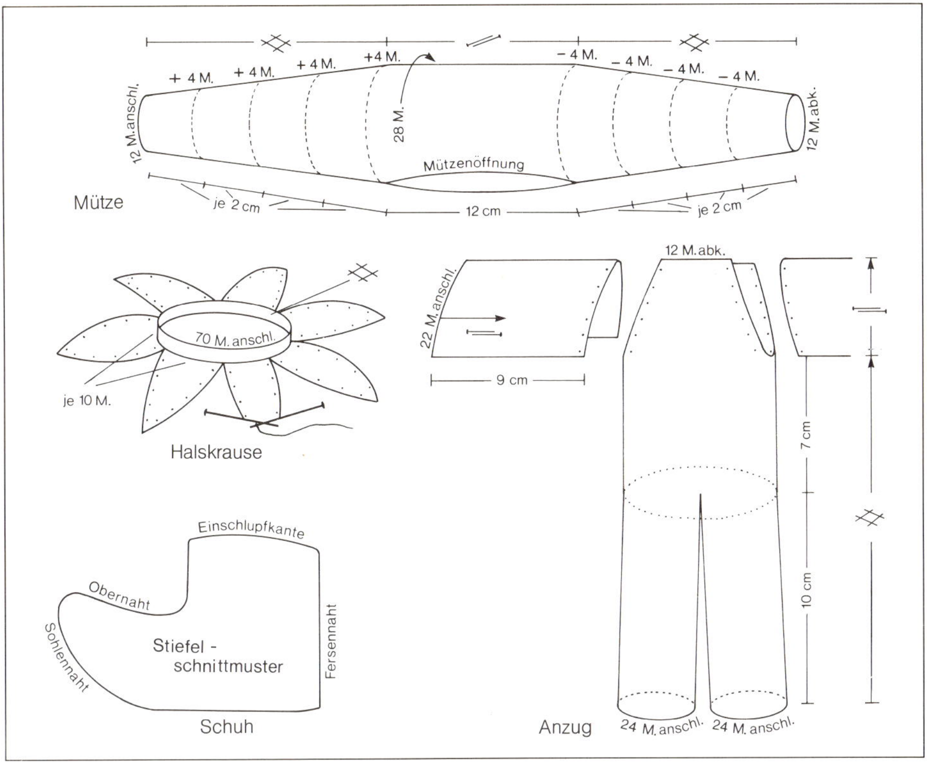

Mütze

+ 4 M. + 4 M. + 4 M. + 4 M.   − 4 M. − 4 M. − 4 M. − 4 M.

12 M. anschl.

28 M.

Mützenöffnung

12 M. abk.

je 2 cm   12 cm   je 2 cm

Halskrause

70 M. anschl.

je 10 M.

Schuh

Einschlupfkante

Obernaht

Sohlennaht

Fersennaht

Stiefel -
schnittmuster

Anzug

22 M. anschl.

12 M. abk.

9 cm

7 cm

10 cm

24 M. anschl. 24 M. anschl.

---

verteilt zunehmen, diese Zunahme noch dreimal jeweils nach 2 cm wiederholen.

Nun 12 cm in offenen Reihen ohne Zunahme stricken, so entsteht die Mützenöffnung. Die Maschen wieder auf 4 Nadeln verteilen und gegengleich den anderen Zipfel stricken.

Die Enden der Zipfel straff zusammenziehen und Glöckchen annähen. Die Mützenöffnung mit Fadengummi nicht zu stramm einhalten.

Die Stiefel

Die Schnittteile nach der Zeichnung unten auf ein Papier übertragen und ausschneiden. Das Schnittmuster auf Fensterleder oder Filz legen und die Teile für jeden Stiefel zweimal zuschneiden. Man legt sie rechts auf rechts und näht sie zusammen. Die Stiefel wenden und auf die Stiefelspitzen kleine Glöckchen nähen. An den Fersen der Stiefel befestigt man Kordel, mit der man die Stiefel um die Knöchel des Hofnarren zubinden kann.

Zwerge

Die Zwerge sollen ausgeprägte Stupsnasen haben. Auf Seite 13 wird erläutert, wie man das macht. Man braucht pro Zwergenkopf 20 cm Schlauchbinde Größe 2, außerdem Fellreste oder Webpelz für die Bärte und Haare, Stickgarn und Perlen für Augen und Mund.

Die Strickhaut arbeitet man wie bei den schon zuvor beschriebenen Puppen.

Die Kittel
Sie werden vom Hals aus nach unten in Runden glatt rechts gestrickt. 40 Maschen anschlagen, auf 4 Nadeln verteilen – für Vorder- und Rückenteil je 12, für die Ärmel je 8 Maschen auf eine Nadel nehmen. 2 Runden stricken, dann wie folgt zunehmen:

1. Nadel: 1 M. str., 1 M. zun., am Ende der Nadel, vor der letzten M., 1 M. zun.

2., 3., 4. Nadel: ebenso

Derart in jeder 3. Runde noch zweimal zunehmen, dann die Arbeit teilen und die Ärmel in Runden wie folgt fertig stricken:
3 Runden die Maschen stricken wie sie erscheinen, 4. Runde 1. Nadel 1 M. stricken, 1 M. zun., am Ende der 3. Nadel vor der letzten M. 1 M. zun.

Dann noch 5 Runden kraus rechts ohne Zunahme als Bündchen anstricken und alle Maschen locker abketten.

Die Maschen von Vorder- und Rückenteil auf 4 Nadeln verteilen und 3 Runden stricken.
1. Nadel seitlich 1 M. stricken, 1 M. zun. Am Ende der 2. Nadel vor der letzten M. 1 M. zun.
3., 4. Nadel: ebenso.

Diese Zunahme noch zweimal in jeder 4. Runde wiederholen. Dann 5 Runden kraus rechts stricken und locker abketten, durch den Halsausschnitt einen Fadengummi ziehen.

Die Hosen
Sie werden genauso gearbeitet wie die Spitzenhöschen auf Seite 14, nur strickt man statt der Spitzen am Ende der Beinlinge 5 Runden kraus rechts.

Die Zipfelmütze
24 Maschen anschlagen und zunächst 5 Reihen kraus, dann 3 cm glatt rechts in Reihen stricken. Die Maschen auf 3 Nadeln verteilen und in Runden weiterarbeiten. 3 Runden stricken, in der 4. Runde 4 Maschen abnehmen, noch dreimal in

jeder 4. Runde wiederholen. Mit den restlichen 8 Maschen 8 Runden stricken, den Endfaden durch die Maschen ziehen und vernähen.

Wollfäden zu einer Quaste zusammenbinden und mit einer Luftmaschenkette am Zipfel der Mütze festnähen.

Die Pantoffeln

Zuschnitt für 1 Paar: 2 Laufsohlen und 2 Sohlenfutter mit ½ cm Nahtzugabe; 2 Plastiksohlen ohne Nahtzugabe. 4 Oberteile für die Außenseite, 4 für das Innenfutter (davon jeweils 2 spiegelverkehrt). Die Nahtzugabe ist im Schnitt schon inbegriffen.

Nun mit Vorstichen dicht am Rand einer Lauf-sohle einen Faden einziehen, die Plastiksohle auflegen, mit etwas Watte auspolstern und mit Heftstichen quer über die Sohle alles festhalten (1). Das Sohlenfutter auflegen – Nahtzugabe einschlagen –, die Sohlenteile zusammennähen (2).

Für das Oberteil 2 gegengleiche Außenseiten rechts auf rechts legen und an der Mittelnaht zusammennähen. Ebenso mit den 2 Teilen des Innenfutters verfahren. Außenseite und Innenfutter nun rechts auf rechts legen und entlang der unteren Kante zusammennähen. Das Teil wenden, die noch offene Einschlupfkante nach innen schlagen und zunähen. Das Oberteil mit kleinen Stichen an der Sohle festnähen (3).

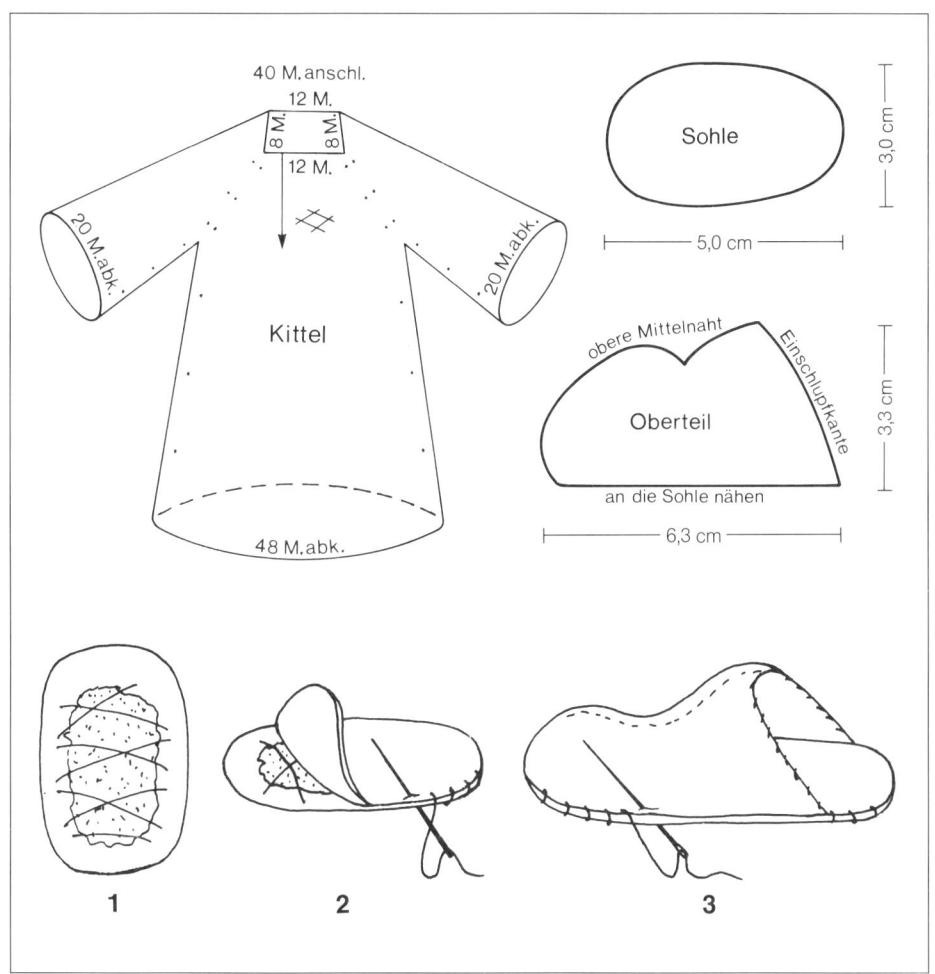

40 M. anschl.
12 M.
8 M. / 8 M.
12 M.

20 M. abk. 20 M. abk.

Kittel

48 M. abk.

Sohle
— 5,0 cm —
3,0 cm

obere Mittelnaht Einschlupfkante

Oberteil

an die Sohle nähen
— 6,3 cm —
3,3 cm

1   2   3

21

Kräuterweiblein

Diese Figur wirkt vor allem durch ihr ausgeprägtes Gesicht, das nach den Anleitungen auf Seite 12/13 gestaltet wird. Wegen der dicken Backen braucht man hier für den Kopf 20 cm Schlauchbinde Größe 3, außerdem benötigt man Woll- und Stoffreste für die Kleidung und Fensterleder oder Filz für Schuhe und Hut.

Für die Strickhaut von Kopf und Rumpf 40 Maschen anschlagen – Ausarbeitung wie auf Seite 8/9 beschrieben. Für die Haare graue Wollfäden mit der Häkelnadel einknüpfen.

Die Kleidung

Das Oberteil ist gestrickt und wird genauso hergestellt wie das Oberteil des Kleides der Prinzessin (siehe Seite 17).

Der Rock des Kräuterweibleins wird genäht. Ein 12 cm breites, 60 cm langes Stück Stoff wird auf Taillenweite der Puppe eingereiht; die rückwärtige Mitte bis auf 3 cm schließen.

Für den Rockbund einen 3–4 cm breiten Streifen in der Taillenlänge zuschneiden. Den Streifen rechts auf rechts auf die Rockoberkante legen und festnähen. Dann den überstehenden Stoff über den Bund legen, nach innen einschlagen und auf der Innenseite des Rockes annähen. Den Rock säumen, am Bund Haken und Öse zum Schließen anbringen.

Eine Schürze arbeitet man im Bund genauso wie den Rock, Spitzenhöschen und Schuhe werden wie auf Seite 14 und 15 beschrieben hergestellt.

Der Hut

Das Schnitteil von der Zeichnung unten abpausen und viermal ohne Nahtzugabe aus Fensterleder oder Filz zuschneiden (1). Teile von links zusammennähen. Etwa 2 cm vom Rand entfernt einen Faden durch das fertige Teil ziehen, den Faden auf Kopfweite der Puppe zusammenziehen und binden (2).

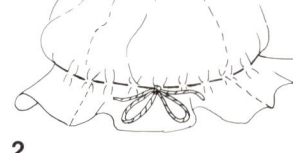

2

Hutschnitteil   4 × zuschneiden

1

Pilzmännlein

Man braucht für diese Figuren 20 cm Schlauchbinde Größe 2, bunte Wollreste, Webpelz und Filz.

Die Strickhaut für Kopf und Körper wird in Runden über 30 Maschen gestrickt (siehe Seite 8). Die Nase, nach Anleitung auf Seite 11 gefertigt, wird über 8 Maschen gestrickt. Mund und Augen stickt man auf.

Die Kleidung

Die Hosen werden gearbeitet, wie auf Seite 14 beschrieben, doch statt des Häkelspitzenabschlusses zieht man Fadengummi durch die Hosenbeine. Wie man die Schuhe macht, ist auf Seite 15 beschrieben.

Für den Umhang 68 Maschen anschlagen, 8 cm 2 rechts, 2 links in Runden stricken, abketten (1). Eine 35 cm lange Luftmaschenkordel durch den oberen Rand ziehen (2).

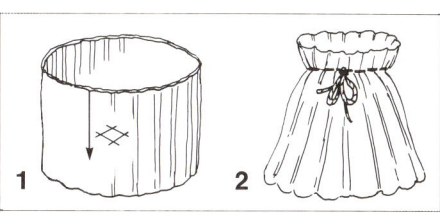

Der Hut

Er besteht aus 2 gleich gehäkelten Teilen: 3 Luftmaschen zum Ring schließen, 6 feste Maschen in den Ring häkeln. In der 2. Runde in jede 2. Masche 2 feste Maschen häkeln, in der 3. Runde jede 3. Masche verdoppeln usw. bis zur 10. Runde. In der 11. Runde in jede 2. Masche zwei feste Maschen, dann noch 2 Runden ohne Zunahme häkeln. Die beiden Teile an den Außenkanten mit festen Maschen zusammenhäkeln. Punkte aufsticken.

Max und Moritz

An Material braucht man für diese beiden fröhlich-frechen Jungs 20 cm Schlauchbinde Größe 3, Wollreste, Knöpfe für die Jacken und Filz oder Fensterleder für die Schuhe.

Die Grundarbeiten sind für beide Figuren gleich. Für die Strickhäute für Kopf und Körper schlägt man 40 Maschen an, für Arme und Beine je 9. Ausarbeitung siehe Seite 8.

Max
Er erhält eine Knubbelnase (siehe Seite 11), die über 8 Maschen glatt rechts gestrickt wird. Das restliche Gesicht wird aufgestickt, die Wangen werden mit Wachsmalstiften aufgetupft.

Der wilde Haarschopf besteht aus mit der Häkelnadel eingeknüpften, dicken schwarzen Wollfäden. Die Fäden zum Schluß zur Frisur zurechtstutzen.

Moritz
Auch sein Gesicht wird aufgestickt. Die Frisur wird folgendermaßen gemacht: Die anliegenden Haare mit Spannstichen rund um den Kopf aufsticken, für die abstehenden Haare an Oberkopf und Seiten Wollfäden einknüpfen. Die Spitzen der frechen Tolle mit Weißleim verfestigen.

Die Hosen
Man beginnt die Hosen beim Bund. 40 Maschen anschlagen und in Runden 6 cm glatt rechts stricken. Die Arbeit teilen, jedes Bein über 20 Maschen in Runden fertigstellen. Die letzten 5 Runden kraus rechts stricken, im Bund einen Fadengummi einziehen.

Die Jacken
Sie werden genau wie die der Räuber gearbeitet (siehe Seite 29).

Beide bekommen Knöpfe an die Jacken, für Moritz gibt es zusätzlich einen Bindegürtel aus Kordel oder einer Luftmaschenkette.

Die Schuhe
Sie werden aus Filz oder Fensterleder genauso gefertigt wie die Schuhe von Schneeweißchen und Rosenrot (siehe Seite 15).

Gespenst

Wegen seines langen, weiten Hemdes eignet sich das Gespenst auch sehr gut als Handspielpuppe fürs Kasperltheater.

Man braucht 50 g Wolle einer Farbe, 20 cm Schlauchbinde Größe 3 und etwas Webpelz. Die Strickhaut für Kopf und Rumpf wird über 40 Maschen, die der Arme und Beine über 9 Maschen nach der Anleitung Seite 8 gefertigt. Für die Nase (siehe Seite 10) 9 Maschen anschlagen.

Das ausdrucksstarke Gesicht wird aufgestickt, am Oberkopf näht man einen Haarschopf aus Webpelz an. Die Finger arbeitet man, wie beim Struwwelpeter auf Seite 26 beschrieben.

Das Kapuzenhemd

Es wird von oben nach unten in Reihen gestrickt. 52 Maschen anschlagen und zunächst 8 cm weit 1 rechts, 1 links stricken. Dann folgt eine Reihe Lochmuster für den späteren Kordeldurchzug.

Die Maschen jetzt auf 4 Nadeln verteilen und 3 Runden stricken. Für die Armlöcher die Arbeit 5 cm weit wieder in Reihen stricken, dann das Hemd in Runden beenden. Die letzten 5 Runden kraus rechts stricken.

Für einen Ärmel 18 Maschen anschlagen, 5 Reihen kraus rechts, dann noch 8 cm glatt rechts stricken. Ärmel zunähen und in das Hemd einsetzen, durch die Lochleiste am Kragen eine Kordel oder Luftmaschenkette ziehen.

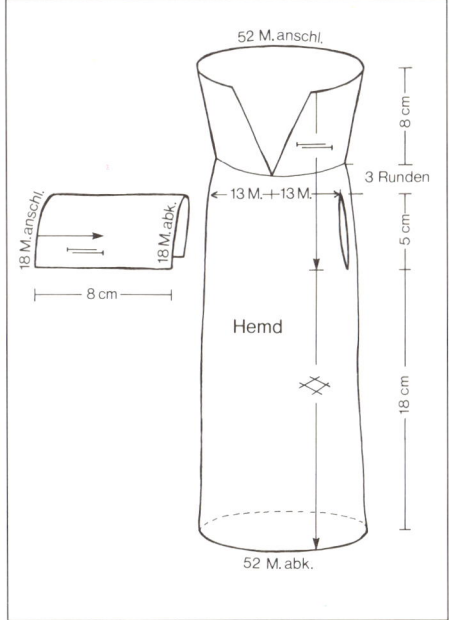

Struwwelpeter

Die Hose wie auf Seite 24 beschrieben arbeiten, die letzten 5 Runden kraus rechts stricken, den Steg über 6 cm in festen Maschen häkeln.

Die Anfertigung der Schuhe ist auf Seite 15 beschrieben.

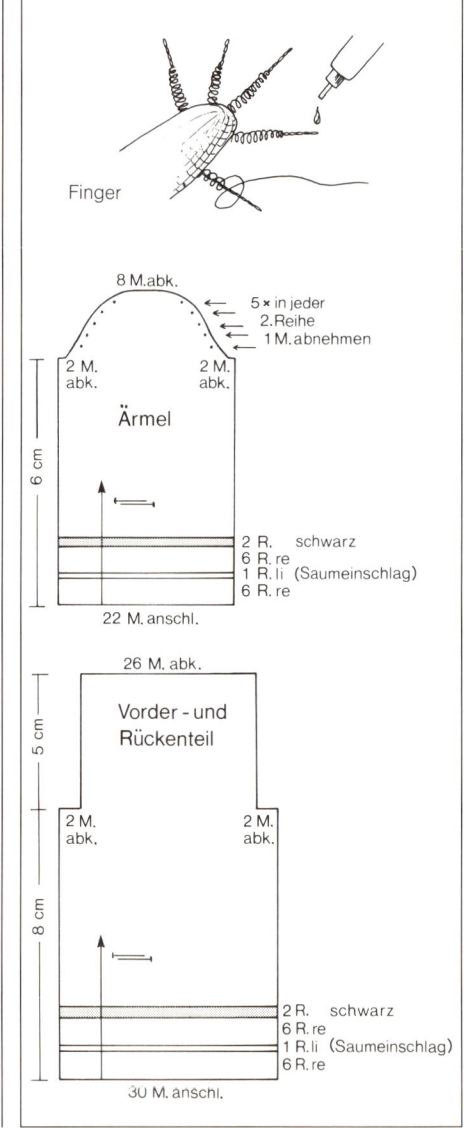

Finger

8 M.abk.

5 × in jeder
2.Reihe
1 M.abnehmen

2 M.
abk.

2 M.
abk.

Ärmel

6 cm

2 R.   schwarz
6 R. re
1 R. li (Saumeinschlag)
6 R. re

22 M. anschl.

26 M. abk.

**Vorder - und
Rückenteil**

5 cm

2 M.
abk.

2 M.
abk.

8 cm

2 R.   schwarz
6 R. re
1 R. li (Saumeinschlag)
6 R. re

30 M. anschl.

Man braucht für diese Figur Wollreste in Rosa, Rot, Gelb, Grün und Schwarz, 20 cm Schlauchbinde Größe 3 und Leder für die Schuhe.

Die Strickhaut fertigt man über 40, bzw. 9 Maschen nach der Anleitung Seite 8. Das Gesicht wird aufgestickt, die Haarmähne besteht aus eingeknüpften Wollfäden, denen man mit Weißleim Stand gibt.

Die Finger

An die Hände werden 5 Luftmaschenketten von 13, 15, 16, 15 und wieder 13 Maschen angehäkelt. Jede Luftmaschenkette wird bis zur Hälfte mit einem Wollfaden drei- bis viermal dicht umwickelt, den Faden vernähen. Den überstehenden Teil der Luftmaschenketten mit Weißleim einstreichen und so verfestigen.

Die Kleidung

Den roten Kittel nach den Angaben auf der nebenstehenden Zeichnung glatt rechts stricken. Die senkrechten Streifen auf dem Vorderteil werden mit Überwendlingsstichen aufgestickt. Für den weißen Kragen faßt man aus dem Halsausschnitt 30 Maschen auf und arbeitet ihn 7 cm hoch.

Für die Halsschleife häkelt man ein 40 cm, für den Gürtel ein 22 cm langes Band aus festen Maschen.

Pumuckl

Für die Strickhaut dieses munteren Kobolds braucht man aprikosenfarbene oder zartrosa, für die Haare fuchsrote Wolle. Das freche Gesicht mit den Hasenzähnen wird aufgestickt.

Man schlägt für die Strickhaut von Kopf und Rumpf 40, für die von Armen und Beinen 12 Maschen an und arbeitet nach der Anleitung auf Seite 8.

Nase und Ohren

Die große, runde Nase fertigt man nach der Anleitung auf Seite 11. Für das quadratische Strickläppchen schlägt man 12 Maschen an. Für die Ohren schlägt man ebenfalls 12 Maschen an, strickt aber 16 Reihen glatt rechts – es entsteht ein Rechteck, das nicht mit Watte gestopft wird. Ebenfalls einen Faden durch den Rand des Strickstücks ziehen, Ohren formen und annähen.

Augen

Für die Augen schneidet man sich aus Packpapier Vorlagen in der gewünschten Augengröße, steckt diese mit Stecknadel auf den Puppenkopf und stickt den Umriß des Papiers mit Stielstichen nach. Das Papier entfernen und die Augen mit schwarzem und weißem Stickgarn fertig aussticken.

Haare

Um ein 5 cm breites Stück Pappe wickelt man die Wolle für die Haare. Man schneidet die Wickelfäden an einer Kante auf und hat so gleichlange Fäden, die man nun mit einer Häkelnadel auf dem Kopf der Puppe einknüpft.

Die Kleidung

Pumuckls Kittel wird gearbeitet wie der der Zwerge auf Seite 20.

Die Hose ist die gleiche wie die von Max und Moritz, Seite 24, oder die Spitzenhose auf Seite 14, nur läßt man die Spitzen weg und strickt statt dessen 5 Runden kraus rechts als Abschluß der Hosenbeine.

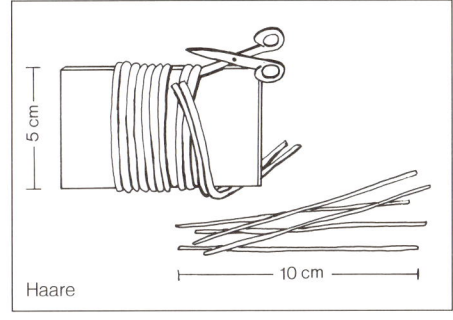

Haare

5 cm ⟷ 10 cm

Räuber Langnase und Räuber Kartoffelnase

Sie sehen zwar grimmig aus, die beiden wilden Gesellen, doch eigentlich sind sie ganz harmlos, lustig und gutmütig. Kein Wunder, daß sie sich alle Kinderherzen im Sturm erobern.

Materialien

Gebraucht werden Wollreste in verschiedenen Farben für die Kleidung, dünne beige Wolle für die Strickhäute, Mohairwolle für Haare, Bärte und die buschigen Augenbrauen des einen. Ferner braucht man etwas Leder, Kunststoff oder Filz für die Stiefel, kleine Federn für die Hüte und 20 cm Schlauchbinde Größe 3.

Man fertigt den Grundkörper nach den Anleitungen von Seite 6 ff. Für die Strickhaut von Kopf und Rumpf schlägt man 40 Maschen an und strickt in Runden etwa 16 cm, für Arme und Beine schlägt man jeweils 9 Maschen an.

Die Nasen

Die runde Kartoffelnase wird nach der Anleitung auf Seite 11 gefertigt. Man strickt ein quadratisches Läppchen, für das man 10 Maschen anschlägt.

Die lange Nase des anderen Räubers wird nach den Anweisungen auf Seite 10 gefertigt. Man schlägt 9 Maschen an und strickt auf 3 Nadeln 5 cm in Runden.

Die Bärte

Zunächst häkelt man eine Luftmaschenkette, die von der einen Ohrseite der Puppe zur anderen reicht. Darüber wird eine Schlingenreihe gehäkelt. Ist der Faden sehr dünn, muß man ihn doppelt oder gar dreifach nehmen. Eine Schlinge arbeitet man folgendermaßen: Den Schlingfaden um Zeige- und Mittelfinger der linken Hand legen, mit der Häkelnadel durch die Luftmasche stechen, den Schlingfaden mit Hilfe des fortlaufenden Häkelfadens einhäkeln und mit einer festen Masche einknüpfen.

Soll der Bart sehr dicht und buschig sein, fertigt man 2 oder 3 solcher Schlingreihen und näht sie dicht aneinander an der richtigen Stelle in die Puppengesichter.

Die Augen

Sie werden aufgestickt. Man geht dabei vor, wie beim Pumuckl auf Seite 27 beschrieben.

Die Hosen

Man beginnt beim Bund und strickt in Runden. Je Hose 44 Maschen anschlagen, die Maschen gleichmäßig auf 4 Nadeln verteilen und in Runden 7 cm glatt rechts stricken. Die Arbeit teilen und jedes Bein für sich über 22 Maschen 8 cm weit stricken, dann abketten. Die Beinlücke im Schritt von innen zunähen, durch den Bund und die unteren Abschlüsse der Hosenbeine Fadengummi ziehen. Zum Schluß die Hose an einer Stelle mit groben Stichen in einer kontrastreichen Farbe stopfen oder einen Flicken aus Stoff aufnähen.

Die Jacken

Sie werden an einem Stück von einem Ärmel zum anderen kraus rechts gestrickt. Man schlägt 16 Maschen an und strickt 11 cm, dann schlägt man auf beiden Seiten zusätzlich 15 Maschen an, man hat jetzt 46 Maschen. Noch 1 cm stricken, dann das Strickstück teilen. Zuerst den Rücken mit 23 Maschen über 8 cm beenden. Dann die Vorderteile, die sich überlappen, mit je 7 cm fertigstellen, d. h. das erste Vorderteil nach 7 cm abketten, dann 23 Maschen neu anschlagen, 7 cm stricken und dann das Strickstück mit dem Rückenteil der Jacke vereint weiterstricken. Nach 1 cm auf beiden Seiten 15 Maschen abketten, den Ärmel über 16 Maschen zu Ende stricken. Ärmel- und Seitennähte von links schließen, den Halsausschnitt mit einem Fadengummi einhalten.

Einen Gürtel in der erforderlichen Länge aus festen Maschen häkeln und eine Schließe aufnähen.

Die Hüte

Sie werden ähnlich gearbeitet wie die der Pilzmännchen auf Seite 23, doch bestehen sie nur aus einer Lage, und sie werden auch nur über 7 Runden mit Zunahmen gehäkelt. Es folgen dann 2 Runden ohne Zunahmen und dann noch einmal 1 Runde, in der in jede 2. Masche 2 feste Maschen kommen. Für die Krempe folgen 2–3 Runden ohne Zunahme. Zum Schluß Band und Federn an den Hut nähen.

Die Stiefel

Sie werden genauso gearbeitet wie die des Prinzen auf Seite 16.

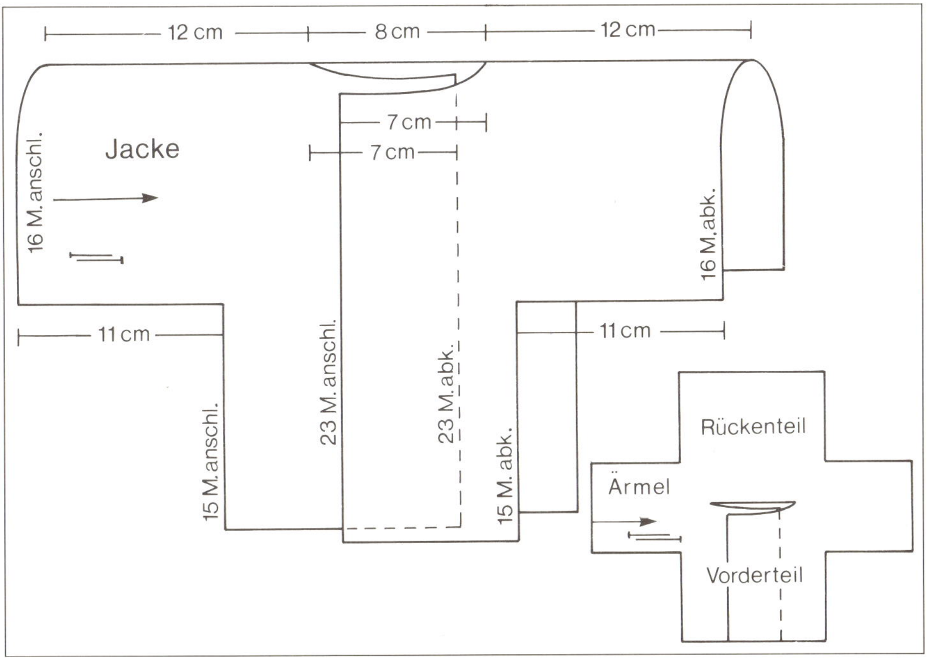

12 cm ——— 8 cm ——— 12 cm

Jacke

16 M. anschl.

7 cm
7 cm

16 M. abk.

11 cm

15 M. anschl.
23 M. anschl.
23 M. abk.
15 M. abk.

11 cm

Rückenteil

Ärmel

Vorderteil

Hexe

Zum Schluß soll noch eine andere Technik beschrieben werden, wie man sehr ausdrucksstarke, ausgeformte Gesichter bilden kann. Man verwendet hier keine Schlauchbinde sondern, ein etwa 20 cm langes Stück Perlonstrumpf. Der Strumpf wird an dem einen Ende fest abgebunden (1), dann gewendet, so daß sich die Abbindung innen befindet. Dieses Säckchen wird mit Watte gefüllt, bis es Faustgröße hat, dann wird es unten locker abgebunden – man muß bei Bedarf noch Watte nachstopfen können (2).

Als erstes wird die Nase geformt. Mit einer Nähnadel sticht man durch den Strumpf in die Watte, lockert sie auf und umsticht mit ein paar Stichen locker die zur Nase aufgebauschte Watte, dann das Ganze etwas fester zusammenziehen (3). Auf die gleiche Weise bildet man Augenbrauen und Tränensäcke (4), später die Lippen aus (5). Vielleicht dann am Kinn oder auf der Stirn noch eine dicke Warze abnähen. Falls nötig, muß man für Wangen und Kinn Watte nachfüllen.

Die ausmodellierten Gesichtsteile werden mit Weißleim eingestrichen, der, wenn er trocknet, dem Gesicht Halt gibt. Ist der Leim trocken, wird ein weiteres Stück Perlonstrumpf über das Gesicht gezogen und alle Abnähungen werden noch einmal nachgenäht.

Als Augen setzt man grüne oder braune Glasperlen ein.

Erst jetzt setzt man den fertigen Kopf auf das wie üblich (Seite 6 ff.) vorbereitete Grundgestell der Puppe, umwickelt den Hals mehrmals fest mit starkem Zwirnsfaden und vernäht Kopf und Körper. Die restliche Ausgestaltung der Hexe ist eine Sache der eigenen Phantasie – hier ein Vorschlag für die Bekleidung:

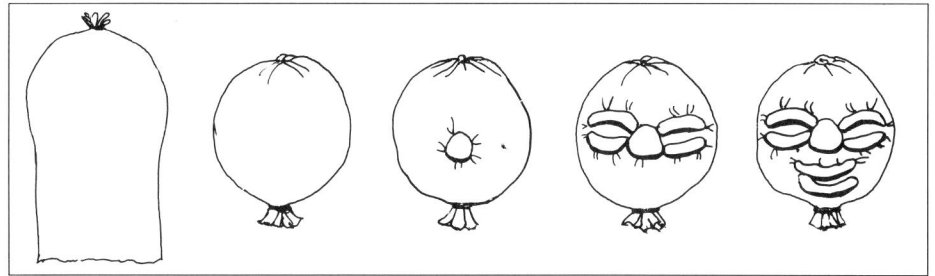

Die Kleidung

Einen Rock wie das Kräuterweiblein auf Seite 22 könnte die Hexe haben, ebenso deren Schürze. Die Pantoffeln sind die gleichen wie die der Zwerge, Seite 21. Das Spitzenhöschen ist auf Seite 14 beschrieben.

Die Jacke der Hexe wird an einem Stück von Ärmel zu Ärmel glatt rechts gestrickt. 16 Maschen anschlagen und 8 cm stricken, dann auf beiden Seiten 10 Maschen dazu anschlagen, 1 cm weit stricken, dann für den Halsausschnitt die Arbeit teilen und die beiden Teile getrennt über 7 cm weiterstricken. Die Teile wieder zusammenfassen, nach 1 cm auf beiden Seiten 10 Maschen abketten, über die verbleibenden 16 Maschen den zweiten Ärmel beenden. Aus dem Halsausschnitt 30 Maschen auffassen und in Reihen 3 cm stricken, locker abketten.

Für das Dreieckstuch sollte man recht dicke Nadeln verwenden, damit das Tuch schön locker wird.

Mit dünner Wolle schlägt man 60 Maschen an und strickt zunächst 2 Reihen kraus rechts. Dann strickt man in jeder Reihe die beiden ersten Maschen zusammen, bis alle Maschen aufgebraucht sind.

Haare

Eine Hexe braucht einen zünftigen Wuschelkopf – man macht ihn besser aus Webpelz als aus Wolle. Aus Webpelz oder Fell schneidet man breite Streifen zu, die von der Stirn der Puppe bis zu ihrem Nacken reichen. Man vernäht die Streifen von innen zu einer Perücke, die man der Puppe dann aufstülpt und an ihrem Kopf festnäht.

Besen

Wie sollte die Hexe auf den Blocksberg reiten, wenn sie keinen Besen hat? Dem kann abgeholfen werden.

Man nimmt ein etwa 18 cm langes Stöckchen, ein Schaschlick-Spieß geht auch, ist aber nicht so schön, und bestreicht es an einem Ende 2–3 cm hoch mit Leim. Daran bringt man 6 cm lange Birkenreisigstückchen oder auch Bastfäden an, die aber ein bißchen lappig wirken. Das Reisig um den Stiel fest mit Bast abbinden und zusätzlich verleimen.

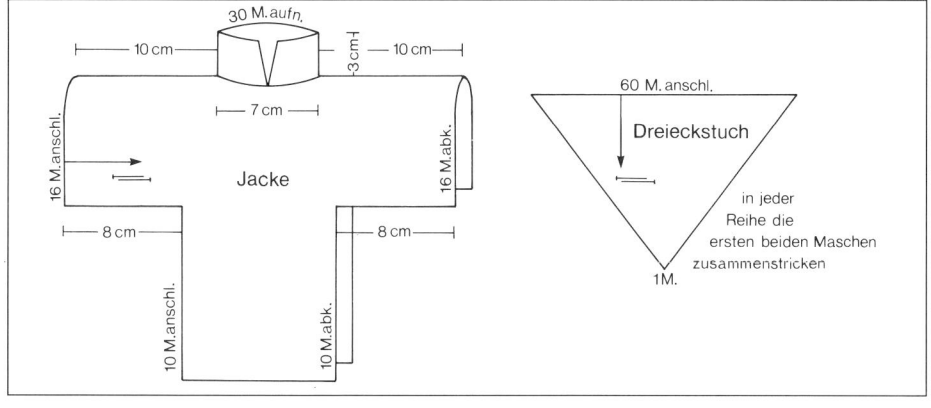

Teufel

Der Kopf des Teufels wird hergestellt wie der der Hexe. Für Kopf, Nase und Ohren braucht man rotes Strumpfgewebe – etwa von einer alten Strumpfhose.

Für Körper und Umhang benötigt man dünne rote, für die Hose schwarze Wolle. Für die Haare schwarzen Webpelz, für die Stiefel Leder oder Filz.

Hat man den Kopf geformt, fertigt man Nase, Hörner und Ohren extra an. Für Nase und Hörner faltet man ein 4 Quadratzentimeter großes Stück Strumpfgewebe zu einer spitzen Tüte, näht es zusammen und stopft es mit Watte aus. Dann mit Weißleim einstreichen und nach dem Trocknen nochmal mit Stoff umwickeln. Die fertigen Teile an die entsprechenden Stellen an den Puppenkopf nähen.

Für die Ohren je 2 Stoffstücke von 4 Quadratzentimetern aufeinanderlegen, einen Faden einziehen, die Teile wenden, den Faden leicht zusammenziehen, die Ohren mit wenig Watte ausstopfen, fester zusammenziehen und die Ohren oben am Kopf annähen.

Giftgrüne Glasperlen geben genau die richtigen Augen ab.

Die Kleidung

Die Hose ist wie die bei Max und Moritz beschriebene (Seite 24) zu arbeiten. Die Beinlücke im Schritt näht man nicht zu, durch sie muß der Schwanz des Teufels hindurchgezogen werden.

Für den Umhang schlägt man 54 Maschen an, verteilt die Maschen auf 4 Nadeln und strickt in Runden glatt rechts. Zunächst 2 Runden, in der 3. Runde jede 6. Masche verdoppeln, 3 Runden stricken, in der 4. Runde vor und nach jeder Zunahme der 3. Runde je eine Masche zunehmen. Diese Zunahmen noch viermal in jeder 4. Runde wiederholen. Schließlich noch 5 Runden kraus rechts ohne Zunahmen stricken und locker abketten. Am Halsausschnitt einen Fadengummi einziehen.

Die Stiefel werden wie die des Prinzen, Seite 16, gearbeitet.

Der Schwanz

Dieser wichtige Körperteil des Teufels besteht entweder aus einer 30 cm langen aus Wolle gedrehten oder mit 6 Maschen rundgedrehten Schnur mit etwas Webpelz als Quaste. Den Dreizack nicht vergessen.